Imke Sönnichsen

Elizabeth Liddle

Mama, wie groß ist der Himmel?

Aus dem

Englischen von

Christof Stählin

gabriel

Pip stellte gern Fragen,
besonders vor dem Einschlafen.
Manchmal wartete er sogar die Antworten ab.
Aber am liebsten beantwortete er die Fragen
gleich selber.

Als Pip noch sehr klein war, fragte er seine Mutter:
„Mama, wo ist eigentlich Gott?"
„Wo denkst denn du, dass er ist, Pip?"
„Im Himmel", sagte Pip. „Aber, Mama, wo ist denn der Himmel?"

Bevor sie antworten konnte, sagte Pip:
„Ich glaube, er ist dort", und zeigte mit dem Finger nach oben.
„Warum da oben?", fragte seine Mutter.
„Nämlich, weil unten die Erde ist. Aber oben ist der Himmel und im Himmel ist doch Gott. Und vom Himmel kann er herunterschauen und sehen, ob bei uns alles in Ordnung ist."

„Gute Nacht, Pip!", sagte seine Mutter.
„Schlaf gut!"

Pip wurde ein bisschen größer
und lernte dabei ein bisschen dazu.
Er wusste jetzt, dass die Erde rund ist wie ein Ball,
dass das Blaue, was man im Himmel sieht, die Luft ist,
dass die Luft und die Wolken um den Erdball
herumwirbeln und ihn einhüllen wie ein Fell.
Und er staunte darüber, dass hinter dem Blau
des Himmels der Mond ist und die Sonne und
die Planeten … und das Weltall.

Pip fragte seine Mutter: „Mama, wie groß ist der Himmel?"

Aber bevor sie antworten konnte, sagte er: „Ich glaube, der Himmel ist genauso groß wie das Weltall. Nämlich, das Weltall ist viel, viel größer als das ganze Blau mit den Wolken."

„Gute Nacht, Pip!", sagte seine Mutter. „Schlaf gut!"

Aber Pip war noch nicht zufrieden.
„Mama", sagte er, „wie weit ist es bis zum Himmel? Ich hoffe, es ist nicht so weit, weil wenn ich sterbe, dann möchte ich nicht so weit ins Weltall hinaus. Ich möchte ganz nah bei dir sein!"

Aber bevor sie antworten konnte, sagte er:
„Ich glaube, der Himmel fängt hier auf dem Boden an
und geht ganz, ganz tief ins Weltall rein.
Aber er reicht bis auf die Erde runter!"

„Gute Nacht, Pip!", sagte seine Mutter.
„Schlaf gut!"

Pip wurde noch ein bisschen größer
und lernte noch ein bisschen dazu.
Er lernte, dass manche Sachen hart sind,
zum Beispiel Kisten und Köpfe.

Er lernte,
dass manche Sachen weich sind,
zum Beispiel Sofas und Schnee.

Er lernte,
dass manche Sachen fließen können,
zum Beispiel das Wasser,
und dass manche Sachen unsichtbar sind,
zum Beispiel der Wind.

Pip fragte seine Mutter: „Mama, ist der Himmel unsichtbar?"
Aber bevor sie antworten konnte, sagte Pip:
„Der Himmel versteckt sich, ich meine, vielleicht hinter den Sachen, die man sehen kann.
Vielleicht kann man manchmal – wenn man ganz vorsichtig auf die Sachen schaut – sehen, wie der Himmel durchscheint. Und wenn man stirbt, dann kann man durch alles durchgucken, was man sieht, und dann ist der Himmel überhaupt nicht mehr versteckt!"

„Vielleicht hast du recht", sagte seine Mutter.
„Gute Nacht, Pip, schlaf gut!"

Pip wurde wieder ein bisschen größer und lernte wieder ein bisschen dazu.
Er wusste jetzt, dass es viele Sachen gibt, durch die man hindurchsehen kann – Glas, Eis, Wasser, Diamanten.
Im Sommer sah er durch die Oberfläche vom Gartenteich eine andere Welt schimmern, mit sonderbaren Pflanzen und sehr merkwürdigen Lebewesen.

An manchen Winterabenden
blieb er vor Häusern stehen,
deren Fenster hell erleuchtet waren.

Durch das Fensterglas konnte er Familien sehen,
die ganz andere Sachen hatten als seine Familie
und bei denen überhaupt alles anders war.

Pip fragte seine Mutter: „Mama, sind im Himmel lauter fremde Leute und komische Sachen?
Ich möchte nicht, wenn ich gestorben bin, dass ich dann irgendwo hinkomme, wo alles so komisch ist.
Ich möchte bei Leuten sein, die ich lieb habe.
Tiere, die ich kenne, sollen da sein und lauter Sachen, die ich mag."

„Vielleicht ist es ja dort genau so“, sagte seine Mutter. „Vielleicht triffst du dort lauter Leute, die du lieb hast, und es gibt nur Sachen, die du magst.“
„Oh!“, sagte Pip. „Dann muss der Himmel ja dort sein, wo es schon so ist wie im Himmel.
Hier ist es, ich meine, vielleicht wie wenn wir mit Papa auf dem Campingplatz sind, aber im Himmel sind wir wieder daheim.“

„Gute Nacht, Pip. Viel Spaß beim Zelten!“

Pip wurde wieder ein bisschen größer
und lernte wieder ein bisschen dazu.
Manches machte ihn traurig. Er lernte, dass auch
Menschen sterben müssen, die er lieb hatte.
Und dass sie, wenn sie gestorben sind, nach und
nach wieder zu Erde werden. Das fand er gut.
Aber sie fehlten ihm trotzdem.

„Aber wo gehen die Leute denn dann hin, Mama?“, fragte Pip. „Ich weiß schon, was mit ihren alten Körpern passiert, nämlich, die brauchen sie ja dann gar nicht mehr. Aber wo gehen sie selber hin?“
Bevor seine Mutter antworten konnte, sagte er:
„Ich glaub, ich weiß es! Sie gehen dorthin, wo die Leute sind, die sie lieb haben. Wo die Liebe ist, da ist der Himmel.“
„Ja“, sagte die Mutter.
„Hm“, überlegte Pip.

„Gute Nacht, Pip“, sagte seine Mutter.
„Schlaf gut!“

Pip wurde wieder ein bisschen größer
und lernte wieder ein bisschen dazu.
Wenn er an die Leute dachte, die er lieb hatte,
dann war immer auch Gott in seinen Gedanken.
Pip fragte seine Mutter: „Mama, lebt Gott dort,
wo der Himmel anfängt?“

!OMA!

Aber bevor sie antworten konnte, sagte Pip: „Ich glaub, ich weiß es! Gott ist immer dort, wo die Leute sind, die ihn lieb haben."

„Ja", sagte seine Mutter. „Geh jetzt schlafen!"

„Und…“, sagte Pip, „Gott muss aber auch dort sein, wo Leute sind, die er selber lieb hat.

Und…“, sagte Pip, „Gott hat ja alle lieb, deswegen ist er auch überall.“

„Ja“, sagte seine Mutter.

„Und…“, sagte Pip.

„Pip…“, sagte seine Mutter.

„Das heißt“, sagte Pip, „der Himmel fängt überall an.“

„Pip …“, sagte seine Mutter.

„Und …“, sagte Pip, „ich hab dich lieb, Mama!“

„Und ich dich, Pip!“

„Die Grenze vom Himmel, nämlich, wo der Himmel anfängt, die geht genau hier durch, durch dich und mich und alles mittendurch!“, sagte Pip.

„Pip“, sagte seine Mutter.

„Gute Nacht!“

Liddle, Elizabeth / Sönnichsen, Imke:
Mama, wie groß ist der Himmel?
Aus dem Engl. von Christof Stählin
ISBN 978 3 522 30155 8

Illustrationen: Imke Sönnichsen

Die Originalausgabe erschien unter dem Titel
»Pip and the Edge of Heaven« bei Lion Publishing plc, Oxford, England

Einbandtypografie: Michael Kimmerle, Stuttgart
Texttypografie: Marlis Killermann, Winnenden
Schrift: Bodoni Old Face und Klepto
Reproduktion: Photolitho AG, Gossau/Zürich
Druck und Bindung: Himmer AG, Augsburg

5 4 3 2 1° 08 09 10 11 12

www.gabriel-verlag.de